QU'EST-CE QU'UNE CONVENTION NATIONALE?

Par J.-Th.-LANGLOYS.

Nos ad justitiam esse natos, neque opinione, sed naturâ
constitutum esse jus. CICER. de Logibus, lib. 1.

A PARIS,

Chez
DEBARLE, imprimeur-libraire, rue du Hurepoix,
quai des Augustins, N°. 17, au Bureau général
des Journaux.
MARET, libraire, cour des Fontaines, Palais-
Egalité.
DESENNE, Palais-Egalité.
Les Marchands de Nouveautés.

1795.

QU'EST-CE QU'UNE
CONVENTION
NATIONALE?

SI l'on ordonnoit, dit Platon, à des personnes qui ont la vue basse de lire de bien loin des lettres écrites en petit caractère ; qu'une d'elles eût remarqué que ces mêmes lettres se trouvent écrites ailleurs en gros caractère, il leur seroit, sans doute, avantageux d'aller lire d'abord les grandes lettres, et de les confronter ensuite avec les petites, pour voir si elles sont les mêmes.

Je suivrai dans cet écrit la marche indiquée par Platon.

J'examinerai d'abord, dans la thèse générale, ce que c'est qu'une convention nationale, et si elle a le droit de changer le gouvernement d'une nation.

Ensuite, j'examinerai si cette nation a le droit d'accepter ces changemens.

Enfin, j'examinerai s'il est possible qu'une convention donne un gouvernement à une nation.

Chacun alors ayant lu les grandes lettres, pourra les confronter avec les petites, et voir si elles sont les mêmes.

A 2

Peuples, ce sont vos droits que je vais discuter ; non ceux que la flatterie et l'adulation vous attribuent pour vous séduire et vous précipiter dans l'abîme de tous les maux, mais ceux que la raison et la justice, qui ne flattent et ne trompent jamais, vous accordent pour fonder votre bonheur et le perpétuer.

CHAPITRE PREMIER.

*Qu'est - ce qu'une Convention nationale ?
A-t-elle le droit de changer le gouvernement
d'une nation ?*

Le mot *convention*, dans le langage politique, n'a parmi nous aucune acception. Nul de nos vocabulaires ne l'a défini. Toutes les bouches l'ont répété ; chaque jour elles le répètent encore sans y fixer une idée précise ; de sorte qu'on peut affirmer que c'est une expression absolument vuide de sens pour la presque totalité des Français.

Pour lui trouver une signification, il faut l'aller chercher chez un peuple étranger.

Deux fois les Anglais ont convoqué des conventions. La première, lorsqu'en 1660, ils rétablirent *Charles II* sur le trône de ses pères ; la seconde, en 1689, lorsqu'ils ôtèrent la couronne à *Jacques II*, pour la déférer à *Guillaume*, prince d'*Orange*, et à la princesse *Marie*, sa femme.

Les écrivains sont même partagés sur ce nombre. Il en est, tels que les auteurs de l'*Art de vérifier les dates*, et le rédacteur de l'article *convention* dans l'*Encyclopédie*, qui ne donnent ce nom qu'à l'assemblée de 1689.

A 3

Quoiqu'il en soit, comme à cette dernière époque et à celle de 1660, il n'existoit point de parlement, et que les rois d'Angleterre ont le droit exclusif de le convoquer, pour suppléer à cette formalité, on assembla sous le nom de *convention*, à l'exemple des *convenans* d'Ecosse, les seigneurs et les notables de la nation.

« Ce terme, dit le traducteur de Hume (1), pour » signifier un parlement assemblé *sans les formalités* » *ordinaires*, n'avoit été employé qu'une fois en An- » gleterre, après le rétablissement de Charles II : il étoit » emprunté de l'Ecosse, où l'on met toujours de la » différence entre une *convention* des Etats et un » *parlement* ».

L'Encyclopédie n'offre pas une idée plus avanta- geuse. Voici ce qu'elle en dit, partie de la jurispru- dence, édition de Pankoucke : « *Convention* (histoire » moderne), nom donné par les Anglais à l'assemblée » extraordinaire du parlement, faite sans lettres pa- » tentes du roi, l'an 1689. Après la retraite du roi » *Jacques II* en France, le prince et la princesse » d'*Orange* furent appelés pour occuper le trône pré- » tendu vacant, et aussi-tôt la *convention* fut convertie » en parlement par le prince d'*Orange*. Les anti-jacobites » se sont efforcés de justifier cette convention. On a » soutenu contr'eux que cette assemblée, *dans son* » *principe, étoit illégitime et contraire aux loix fon-* » *damentales du royaume* (G).

---

(1) Histoire de la Maison de Stuart, règne de Jacques II, tome VI, page 527, édition in-8°.

Ce n'étoit pas seulement l'opinion des anti-révolutionnaires, c'étoit celle du parti d'Orange et de toute la nation anglaise. « Après la bataille de la Boyne, le » roi *Jacques* se vit dans la nécessité de chercher un » asyle en France. *Guillaume*, devenu par sa retraite, » peut-être trop précipitée, l'arbitre absolu des des-» tinées de l'Angleterre, laissa prendre un libre essor » à son ambition. Les partisans de la révolution se » trouvèrent alors dans une conjoncture trop délicate » pour n'être pas partagés dans leurs vues et leurs » mesures. Le parlement n'étoit point assemblé ; et, » par la constitution fondamentale, il n'y a que le » roi qui puisse le convoquer. Il se trouvèrent donc » sortis de leur route, puisqu'ils convenoient que tout » ce qui se décidoit dans l'assemblée nationale, étoit » illégal, s'il n'étoit point muni du sceau de l'autorité » royale. Ils crurent rectifier cette irrégularité en » assemblant les députés des trois derniers parlemens. » Les seigneurs et les notables furent convoqués sous » le nom de *convention* : on eut recours aux *intrigues*, » aux *menaces*, aux *promesses*, pour corrompre les » suffrages ». *Histoire des révolutions d'Angleterre, par M. Turpin, tome I, liv. I, pag. 2 et 3.*

Ainsi donc, en donnant d'après les faits une acception au mot *convention*, on voit :

D'une part, que c'est une assemblée *illégale*, convoquée, comme le dit le traducteur de *Hume, contre les formalités ordinaires* ; une assemblée, comme on l'a soutenu en Angleterre contre les anti-jacobites, *illégi-*

*time dans son principe, et contraire aux loix fonda-
mentales du royaume.*

D'autre part, on voit encore que cette espèce d'assemblée ne doit son existence qu'à des temps de troubles,
d'orages, de factions, et que les *suffrages y sont cor-
rompus par l'intrigue, les promesses et les menaces.*

Or, comme tout ce qui se fait contre les formalités
ordinaires est nul, parce que le contraire des formalités est l'infraction des formalités ; comme ce qui se
fait dans un temps de trouble, d'orage et de factions
est également nul, parce qu'il est l'ouvrage de la violence et du plus fort, la convocation d'une *convention*
est donc nulle nécessairement. Si cette convocation est
nulle, la convention est donc illégale ; si elle est illégale, elle n'a donc aucun pouvoir pour établir le droit
et pour lier les consciences.

En effet, si l'irrégularité ne peut, dans ce cas, établir
le droit, la force le peut encore moins, puisque l'une
n'est que la conséquence immédiate de l'autre, et que
cette assemblée n'est irrégulière que parce que l'autorité légitime a été détruite par la force.

« Or, sitôt que c'est la force qui fait le droit, dit
» Rousseau (1), l'effet change avec la cause ; toute force
» qui surmonte la première, succède à son droit ; *sitôt*
» *qu'on peut désobéir impunément, on le peut légiti-*
» *mement* ; et puisque le plus fort a toujours raison, il

____

(1) Contrat social, liv. I, chap. 3.

» ne s'agit que de faire ensorte qu'on soit le plus fort.
» Or, qu'est-ce qu'un droit qui périt quand la force
» cesse ?.....

» Convenons-donc que force ne fait pas droit, et qu'on
» n'est obligé d'obéir qu'aux puissances légitimes ».

Si donc la force ne fait pas le droit, si l'on n'est
obligé d'obéir qu'aux puissances légitimes, une convention établie par la force ne peut donc constituer le
droit, ni commander aucun acte d'obéissance. On peut
donc, en conscience, rejetter toutes les loix qu'elle
propose, mais encore avec plus de raison tout gouvernement nouveau qu'elle entreprendroit de substituer à
l'ancien ; car qui ne peut pas le moins, ne peut sûrement
pas le plus.

« Quiconque, dit Locke [1], emploie la force sans
» droit, comme font tous ceux qui dans une société em-
» ploient la force et la violence sans la permission des
» loix, se met en état de guerre avec ceux contre qui il
» l'emploie ; et, dans cet état, tous les liens, tous les
» engagemens précédens sont rompus ; tout autre droit
» cesse, hors le droit de se défendre et de résister à un
» aggresseur ».

Je ne me le dissimule pas ; bien des gens, dans le moment où j'écris, se cabreront contre ces importantes
vérités : mais supérieures à tous les partis, à toutes les
factions, ces vérités ne sont qu'une émanation de la raison, de cette raison éternelle, l'organe immuable de la

---

[1] Gouvernement civil, chap. 18, N°. 12.

nature, le ministre sacré de ses volontés, et le magistrat suprême de toutes les nations.

Eh! que nous dit cette raison? Que les motifs qui ont déterminé les hommes à vivre en société, sont les mêmes que ceux qui les forcent à s'y maintenir et à la conserver.

Or, les hommes ont fait choix de l'état social pour se mettre à l'abri des horreurs de l'anarchie, suite inévitable de l'état de nature. Leur intérêt, leur bien-être, le soin de leur propre conservation doivent donc les contraindre d'y rester pour ne pas retomber dans les mêmes horreurs.

Horreurs d'autant plus funestes, qu'à tous les crimes de la grossière barbarie qui suit l'état de nature, se joindroient tous les forfaits et les atroces rafinemens que le génie exercé des peuples civilisés peut inventer.

A la vue de ces images désastreuses, on est donc forcé d'avouer, ou que les peuples n'ont pas le droit de détruire leur gouvernement lorsqu'il est établi, ou que s'ils ont ce droit, de tous les êtres qui respirent, l'espèce humaine est la plus malheureuse, et que l'état de nature est mille fois préférable à l'état de société.

Dans le premier, l'homme n'a tout au plus à craindre que les crimes de l'intérêt. Cet intérêt se bornant à sa nourriture, son champ, sa cabane, est fort peu de chose, et sa perte facile à réparer. Comme dans cet état il n'existe ni luxe, ni superflu, chaque possession est proportionnée à la médiocrité des besoins de chacun.

Comme le globe offre aussi sur sa superficie assez de

terrein pour que tout individu puisse y trouver une habitation avec un petit coin qui lui suffise, l'homme que la violence force ici de fuir, peut aisément aller s'établir plus loin.

Mais dans le second, du moment que la puissance légitime est détruite, ou qu'il cesse d'en être protégé, l'homme n'a pas seulement à redouter les crimes de l'état de nature, il doit compter au nombre de ses ennemis tous les vices, toutes les passions qui naissent et fermentent dans le sein des sociétés ; la haine, l'envie, la jalousie, l'ambition, la vanité, l'orgueil, l'avarice ; les trahisons, les perfidies, les lâchetés, qui les accompagnent, se réunissent toutes pour diriger les poignards contre son sein, pour inscrire son nom sur les tables de proscription, sans qu'il lui soit possible d'échapper, par la fuite, à ses assassins, à ses bourreaux.

Or, la raison veut que tout ce qui tend à sapper les fondemens de la puissance légitime, à briser les liens de la société, à dévouer notre malheureuse espèce à tous les fléaux qui peuvent la détruire, soit impitoyablement retranché de nos facultés et de nos droits; car tout ce qui peut contribuer à notre perte et compromettre notre existence, ne peut pas être plus compté dans le nombre de nos avantages, de nos propriétés, que les maladies, la grêle, la guerre, la famine, la peste ; et la plus belle prérogative digne d'ennoblir l'homme et de l'assimiler à la divinité, est l'heureuse impuissance de se nuire à soi-même et de nuire à ses semblables.

Aussi Montagne, qui pensoit si juste, regardoit - il

comme un acte de folie le changement qu'un peuple fait de son gouvernement. « Non par opinion, mais, » en vérité, l'excellente et meilleure police est à une » chacune nation celle sous laquelle elle s'est mainte- » nue; sa forme et commodité essentielle dépend de » l'usage. Nous nous déplaisons volontiers de la condi- » tion présente; mais je tiens pourtant que d'aller desi- » rant le commandement de peu en état populaire, *ou* » *en la monarchie une autre espèce de gouvernement,* » *c'est vice et folie* [1] ».

C'est pour garantir les peuples des suites d'un pareil acte de démence, que les publicistes les ont assimilés à des mineurs qui ne peuvent rien en justice sans l'assis- tance de leur tuteur ou curateur. « Que diroit-on d'un » mineur qui voudroit, sans autre raison que celle de » son caprice, se soustraire à son curateur ou le changer » à son gré? Il en est ici tout de même. C'est avec raison » que les politiques comparent les peuples à des mineurs. » Ils ne sont ni les uns, ni les autres en état de se » gouverner eux-mêmes; il faut qu'ils se donnent des » maîtres, et cette même nécessité leur défend de se » soustraire à leur autorité ou de changer la forme du » gouvernement [2] ».

Sans oser avouer l'obligation où sont les peuples,

____

[1] Essais de Montagne, liv. 3, chap. 9.

[2] Burlamaqui, traité des droits inviolables de la souveraineté, part. 2, chap. 6.

pour leur propre conservation, de maintenir le gouvernement qu'ils ont reçu de la nature, le chef de la secte démagogue n'a pu s'empêcher de convenir que le changement de gouvernement est presqu'impossible.

Tant il est vrai qu'on ne s'écarte jamais impunément de la raison, et que la nécessité qui marche toujours à sa suite, punit aussi sévèrement les nations qui transgressent ses loix, que les simples particuliers quand ils osent les méconnoître.

» Les peuples, dit-il, ainsi que les hommes, ne sont
» dociles que dans leur jeunesse. Ils deviennent incor-
» rigibles en vieillissant; quand une fois les coutumes
» sont établies et les préjugés enracinés, c'est une en-
» treprise dangereuse et vaine de vouloir les réformer;
» le peuple ne peut pas même souffrir qu'on touche à
» ses maux pour les détruire, semblable à ces malades
» stupides et sans courage, qui frémissent à l'aspect
» du médecin [1] ».

Dépouillons ce passage de son enveloppe misantropique. En d'autres termes, que signifie-t-il? Que si la raison défend à un peuple de changer son gouvernement, la nature, en multipliant les obstacles pour déraciner les anciennes coutumes et les préjugés établis, s'efforce, de concert avec elle, à rendre ce changement impossible.

Semblable à une mère prévoyante, elle nous environne de toutes les barrières qui peuvent nous empêcher

---

[1] Rousseau, Contrat social, liv. 2, chap. 3.

de tomber dans un abîme de maux, dont la profondeur
est incommensurable. Ces coutumes, ces préjugés sont
autant de forteresses et de citadelles qu'elle oppose aux
efforts des novateurs et des factieux.

Loin donc d'assimiler, comme le citoyen de Genève,
un peuple qui conserve son gouvernement, à ces malades
stupides et sans courage, qui frémissent à l'aspect du
médecin, on doit le regarder comme un peuple sage et
éclairé, qui n'écoute que la raison, cette raison suprême
qui lui crie sans cesse d'être juste, humain, bienfaisant;
qui lui inspire une sainte et salutaire horreur pour la
dévastation et le carnage; qui lui apprend qu'une révolution fait souvent plus de mal en un seul jour, que les
abus qu'on veut corriger n'en ont fait dans plusieurs
siècles, et qu'elle ne dédommage pas de la cent mil-
lième partie des avantages que l'on perd, en quittant
un ancien état, pour en prendre un nouveau qu'on ne
connoît pas.

La doctrine de Rousseau, prêchée avec son ton de
l'ironie et du pédantisme, est la doctrine d'un canni-
bale qui craint que le sang humain ne coule pas avec
assez d'abondance; doctrine qui, fermentant dans la
tête désorganisée d'un imbécille fanatique, peut encore
enfanter des *Marat*, des *Carrier*, des *Robespierre*, et
métamorphoser tout un peuple en tigres plus féroces
que les tigres de l'Hyrcanie; parce que ces monstres, en
ordonnant la destruction de l'espèce humaine, peuvent
s'en dire encore les régénérateurs et les médecins.

Ils peuvent dire, comme Sylla disoit aux Romains
dans le cours de ses plus effroyables proscriptions:

Mourez ; mais mourez citoyens d'une ville libre. Ils
peuvent dire, comme Barrère et ses exécrables com-
plices: *Nous battons monnoie à la place de la Révolution ; nous y rétablissons l'abondance.* Philosophie
du jour! voilà tes héros et leurs exploits; voilà leurs
nobles et glorieux trophées!

Mais quoi! me dira-t-on, un souverain ou les dépositaires de la souveraineté du peuple exerceront leur
pouvoir à l'exemple des *Calligula*, des *Neron* et de tous
les scélérats qui, l'année passée, se gorgeoient avec
tant d'insatiabilité du sang français, et il ne sera pas
permis de se soulever contre cette horrible boucherie?

Sans doute la révolte, dans ce cas, est permise; elle
est même de droit naturel. Quand des hommes cessent
de se conduire en hommes, ils sortent des bornes de la
nature; il faut également en sortir à leur égard. Quand
des bêtes féroces agissent en bêtes féroces, on doit les
traiter de même, et les égorger, afin qu'elles n'égorgent
pas la société.

Mais ce cas d'une juste défense n'arrive ordinaire-
ment que lorsque des ambitieux se sont emparés de la
puissance publique. Comme cet attentat est toujours
présent à leur conscience; qu'à chaque pas ils rencon-
trent mille obstacles, et sont réduits à la nécessité de
triompher ou de périr, il ne leur reste d'autre ressource,
pour se conserver et cimenter leur usurpation, que
d'entasser ruines sur ruines, cadavres sur cadavres, et
d'exterminer tout ce qui leur résiste ou leur porte
ombrage.

Mais il est rare, et très-rare, que la nécessité de se

propre défense oblige un peuple à recourir à ces moyens extrêmes, contre les dépositaires de la puissance légitime. Comme leur ambition est satisfaite, qu'on ne dispute pas leur autorité, quelle raison auroient-ils de faire le mal lorsqu'ils en ont tant pour faire le bien, puisque ce n'est qu'à cette condition qu'ils ont été choisis et doivent espérer d'être conservés?

Or, comme l'homme n'agit jamais contre son propre intérêt, un souverain ou les agens de l'autorité légitime ne sauroient vouloir que le bien et jamais le mal. C'est donc toujours contre leur intention si quelquefois ils agissent contre l'intérêt de la société; c'est qu'alors on les a trompés, c'est qu'on leur a fait envisager comme un bien réel un mal qui se cachoit à leurs yeux, sous les apparences de l'utilité publique. Ils sont donc, dans ce cas, plus à plaindre que coupables.

Aussi, autant il est permis de se révolter contre une puissance usurpatrice, parce que cette révolte est nécessaire à la conservation des individus et des sociétés, autant est-il défendu de se porter à ces excès contre la puissance légitime; parce qu'ils sont destructeurs de ces individus et de ces mêmes sociétés.

D'ailleurs, comment statuer avec impartialité sur les plaintes respectives des gouvernans et des gouvernés? Si dans les premiers il s'en rencontre qui, quelquefois, abusent de leur pouvoir, on en trouve aussi parmi les seconds, de mutins, d'ambitieux qui se plaignent souvent sans sujet, et seulement parce qu'ils n'ont point de part aux emplois, aux affaires. Comment terminer,

sans

sans prévention, un différent où les intéressés sont en même-temps accusateurs et accusés, juges et parties?

Comme dans le choix de deux maux le moindre est préférable au pire, la sagesse conseille donc à tous les peuples de supporter les vices et les défauts de leurs chefs: car ces vices, ces défauts, de quelques couleurs qu'on les peigne pour les exagérer, sont infiniment plus supportables que la guerre civile et toutes les calamités qui l'accompagnent.

Il n'est point de nation qui ne doive avoir sans cesse devant les yeux cette sage et salutaire maxime de Tacite: « De même, dit-il, qu'on souffre avec patience » les années stériles, les orages et les autres intempéries » de la nature, de même on doit souffrir le luxe et » l'avarice de ceux qui gouvernent. Il y aura des vices » tant qu'il y aura des hommes; mais le mal n'est pas » continuel: il est compensé par le bien qui arrive de » temps en temps [1] ».

Au reste, en supposant même qu'un peuple eût le droit de destituer ceux qui gouvernent, il y auroit encore loin de ce droit à celui de détruire son propre gouvernement. Le pilote et ceux qui dirigent la manœuvre peuvent être changés lorsqu'ils s'en acquittent mal et mettent l'équipage en danger; mais détruire le vaisseau avec sa cargaison et les passagers, seroit une folie aussi grande

---

[1] « Quomodo sterilitatem, aut nimios imbres et cætera naturæ mala, ita luxum vel avaritiam dominantium tolerate. Vitia erunt donec homines, sed neque hæc continua et meliorum interventu pensantur ». Tacite, Hist. lib. 4, chap. 74, N° 4.

que de mettre le feu à une maison, et d'y brûler le chef de la famille avec ses enfans, parce que ce chef auroit commis quelqu'injustice.

Langage d'esclave, malade stupide qui frémit à l'aspect de son médecin, s'écrieront Rousseau et ses partisans. Cependant, comment concilier cette soumission que Rousseau lui-même prêche envers les puissances légitimes, et cette intolérance qui se révolte contr'elles au premier mécontentement? Ou la révolte contre les puissances légitimes n'est permise dans aucun cas, alors vous maintenez les sociétés; ou elle est permise dans tous les cas, alors vous dissolvez toutes les sociétés.

Il ne peut exister de composition, de terme moyen entre ces deux extrêmes, parce qu'il ne peut exister de tribunal compétent chez une nation pour juger du cas où la révolte est juste ou injuste, pour décider jusqu'à quel degré le mécontentement des sujets, les abus du gouvernement doivent être portés, afin d'autoriser l'insurrection des uns et la destruction de l'autre.

Les opinions seront toujours partagées sur ces importantes et interminables questions. Si, d'un côté, l'on objecte que ceux qui s'opposent à ces changemens n'agissent ainsi que parce qu'ils profitent des abus et s'en font un patrimoine, on peut répondre, de l'autre, avec non moins de probabilité, que ceux qui veulent les changemens ne les veulent que pour se mettre à la place des autres, et les dépouiller sous le prétexte simulé d'un meilleur ordre de choses.

Ainsi, dans ce choc, lorsqu'on pèse les raisons des

partis, on voit qu'elles n'ont pour base que l'intérêt. Cet intérêt produit contre tous un moyen de récusation qui les rend également incapable de prononcer avec justice.

Or, l'impossibilité de bien juger du mérite et de la nécessité de ces changemens doit donc forcer tous les peuples à rester où la nature les a placés. Elle doit donc aussi les prémunir contre ces esprits systématiques et ces novateurs délirans, qui, semblables à ces souffleurs, saltimbanques, n'ont d'autre mérite que de savoir s'enrichir aux dépens de leurs dupes.

Mais *Sparte*, du temps de *Licurgue*; *Rome*, après après l'expulsion des *Tarquins*, ont changé leur gouvernement. La Suisse, la Hollande, après s'être affranchies de la domination autrichienne, se sont constituées en républiques. Enfin, de nos jours, l'Amérique a secoué le joug de l'Angleterre pour se donner une constitution. Pourquoi les autres peuples ne pourroient-ils pas suivre leur exemple ? Ce qui est permis à l'un doit être permis à l'autre ; ce que l'un a pu faire, l'autre peut le faire aussi.

Si un homme avoit vu une troupe de voleurs et de brigands échapper, par ruse ou par force, au supplice qu'ils méritent, et parvenir ensuite au plus haut degré de prospérité ; cet homme-là raisonneroit-il conséquemment s'il en concluoit que le vol et l'assassinat sont permis ? Le bien et le mal, le juste et l'injuste dépendroient donc absolument de l'adresse ou de la force. Ainsi, pour être de très-honnêtes gens, il suffiroit donc à des scélérats d'avoir assez d'habileté pour dérober la connoissance de leurs forfaits, ou de se rendre les plus forts.

Rousseau, le plus astucieux comme le plus hardi prédicant de la rébellion, n'a pas osé s'aventurer jusques-là, sans justifier, ni condamner la conduite de ces peuples : il recommande aux nations qui ont vieilli sous un gouvernement, de ne pas les imiter.

« Ces évènemens, dit-il [1], sont rares; ce sont des
» exceptions dont la raison se trouve toujours dans la
» constitution particulière de l'état excepté. Elles ne
» sauroient avoir lieu deux fois pour le même peuple;
» *car il peut se rendre libre tant qu'il n'est que barbare;*
» mais il ne le peut quand le ressort civil est usé : alors
» les troubles peuvent le détruire sans que les révolu-
» tions puissent le rétablir, et sitôt que ses fers sont
» brisés, il tombe épars et n'existe plus; il lui faut dé-
» sormais un maître, et non pas un libérateur. Peuples
» libres ! souvenez-vous de cette maxime : *on peut*
» *acquérir la liberté; mais on ne la recouvre jamais* ».

S'il faut qu'un peuple soit barbare pour être libre; si un peuple civilisé ne peut acquérir la liberté, *parce qu'alors les troubles peuvent le détruire sans que les révolutions puissent le rétablir, et parce qu'il tombe épars et n'existe plus sitôt que ses fers sont brisés;* ceci ne peut signifier autre chose qu'un peuple qui n'a point encore de gouvernement peut sans donner un, à son choix, sans se détruire; et qu'un peuple qui long-

---

[1] Contrat social, liv. II, chap. 8.

temps a vécu sous un gouvernement, ne peut le changer sans courir à sa perte. Alors les exemples cités pour autoriser les peuples à changer de gouvernement, ne conclueroient rien ici, puisqu'il existe une opposition bien marquée entre un peuple sans gouvernement et un peuple qui a un gouvernement.

On peut facilement se convaincre de cette différence en lisant l'histoire de *Sparte* et de *Rome*, aux temps de *Licurgue* et des *Tarquins*. Ces peuples ressembloient plus à des hordes de sauvages qu'à des peuples policés. Leurs loix, leurs institutions n'étoient que des coutumes non écrites, qui varioient au gré des circonstances, et se ressentoient de la grossièreté des âges où leur origine a commencé.

Sparte, dans les premiers jours de sa naissance, fut gouvernée par deux rois conjointement. Licurgue établit un sénat comme puissance intermédiaire entre ces deux rois et le peuple. Il fit plusieurs ordonnances pour régler les mœurs et la police; mais il ne changea pas les premiers élémens de la constitution qui existoit avant lui. Il se contenta de perfectionner celle-ci, en ajoutant ce qui pouvoit lui manquer.

Il en est de même du gouvernement de Rome, à l'époque de ses rois. « La couronne étoit élective ; et sous » les cinq premiers rois, le sénat eut la plus grande part » à l'élection.

» Après la mort du roi, le sénat examinoit si l'on gar- » deroit la forme du gouvernement qui étoit établi. S'il

» jugeoit à-propos de la garder, il nommoit un magis-
» trat, tiré de son corps, qui élisoit un roi....

» La constitution étoit monarchique, aristocratique
» et populaire. . . . . Le roi commandoit les armées, et
» avoit l'intendance des sacrifices. Il avoit la puissance
» de juger les affaires civiles et criminelles; il convoquoit
» le sénat, il assembloit le peuple; il lui portoit de cer-
» taines affaires, et régloit les autres avec le sénat.

» La constitution changea sous *Servius Tullius*. Le
» sénat n'eut point de part à son élection. Il se fit pro-
» clamer par le peuple; il se dépouilla des jugemens
» civils, et ne se réserva que les criminels [1] ».

Ainsi, d'après un gouvernement si versatile, et qui
avoit admis comme principe fondamental le droit d'en
conserver ou d'en rejetter la forme après la mort du roi,
on ne peut pas regarder l'expulsion des *Tarquins* et le
changement de la royauté en consulat, comme une
révolution.

Dans le sens où nous l'entendons, une révolution
subversive de toutes règles anciennes, se fraye une
route nouvelle à travers les décombres de tout ce qui a
précédemment existé: mais à Rome, ces changemens
dérivoient de la nature même de la constitution, qui les
permettoit, qui les autorisoit. Or, ce n'est point innover
que de jouir d'un droit qui permet l'innovation.

On ne doit pas se former une idée plus avantageuse
de la Suisse, de la Hollande, de l'Amérique au moment

---

[1] Esprit des loix, liv. XI, chap. 12.

où elles ont secoué le joug d'une domination lointaine, et qui leur étoit presqu'étrangère. A ces différentes époques, ces contrées n'étoient habitées que par des pêcheurs, des pâtres, de simples colons, qui n'avoient pas de gouvernement. Ils ont donc pu s'en donner un, sans craindre que les troubles pussent les détruire, sans craindre de ne plus exister après avoir rompu leurs fers, puisque le ressort civil étoit encore à naître chez eux, et qu'ils étoient dans cet état de *barbarie* que Rousseau desire pour qu'un peuple devienne libre.

En effet, les habitans de ces diverses provinces formant des peuples distincts des peuples de la métropole, par le caractère, les mœurs et les coutumes; défendus par les invincibles barrières de la nature, secondés des forces des grandes puissances, et par la neutralité des autres, également intéressées à leur donner une existence politique, pour affoiblir un voisin trop redoutable; tout, au moral comme au physique, a contribué, plus que ces peuples eux-mêmes, à leur indépendance.

Ainsi, la nature et la position du local, le vœu de la majorité des nations, leur sûreté réciproque, l'équilibre de leurs forces offensives et défensives, la convenance de leurs rapports, de leurs intérêts, toutes ces circonstances s'étant réunies en faveur de ces peuples, peuvent légitimer jusqu'à un certain point l'ordre chez eux établi.

Mais aucune raison ne sauroit justifier un peuple ancien, contre lequel toutes ces circonstances forment autant de barrières invincibles. Les intérêts, les opi-

nions, les préjugés, les coutumes, les mœurs qui survivent
à l'ancien gouvernement, et qui naissent du nouveau,
s'entre-choquant sans cesse, et ajoutant encore à tous
ces obstacles, finissent par détruire l'un et l'autre. Les
choses, comme les personnes, s'assassinent, s'égorgent
respectivement ; et bientôt il ne reste plus qu'un immense
désert, jonché de débris et d'ossemens humains.

Si la mesure des droits des nations est la même que celle
des droits des particuliers, si pour absoudre ou condamner
les unes et les autres les règles ne sauroient être différentes,
et si un particulier n'a pas le droit de composer des poisons
pour les avaler et se donner la mort, une nation n'a donc
pas le droit de se détruire par tous les troubles, toutes les
dissentions qu'elle provoque chez elle en voulant changer
son gouvernement. Si le particulier qui s'empoisonne se
rend coupable aux yeux de la raison et de l'humanité,
quel crime plus grand encore ne commet pas à leurs yeux
une nation toute entière qui se détruit elle - même,
puisque la mort d'un seul individu ne peut jamais être
mise en parallèle avec la mort de vingt ou trente millions
d'hommes!

Je sais bien qu'un peuple peut faire chez lui tout ce
qu'il veut ; comme le particulier qui s'empoisonne peut
s'empoisonner. Or, comme il n'est pas question ici de
ce qu'on peut faire, mais de ce qu'on doit faire, il suit
bien constamment de-là, qu'un particulier ou qu'un
peuple qui se détruisent, agissent contre la raison, contre
la nature, par conséquent contre le droit qui ne sont
qu'une même chose, et qu'un tel acte de leur part ne

peut être considéré, tout au moins, que comme un acte de folie.

Si donc tout s'oppose à ce qu'une nation change le gouvernement qu'elle a reçu de la nature, tout s'oppose donc, avec bien plus de force, à ce qu'une *convention nationale*, qui n'est qu'une portion imperceptible de cette nation, opère ce changement; car la foible et très-foible partie d'un tout ne sauroit avoir plus de droit que le tout lui-même.

Si cette nation ne le peut, sans courir à sa propre destruction par les guerres intérieures et extérieures que suscitent un pareil bouleversement, une convention le peut encore moins; parce que si une nation n'a pas le droit de sacrifier sa propre existence pour exécuter un projet hors de toute possibilité, une convention a encore moins le droit de sacrifier toute une nation pour satisfaire l'ambition de quelques particuliers, et mettre en pratique les rêves absurdes de quelques autres.

Si cette nation ne le peut, même dans un temps de calme, une convention le peut encore moins dans un temps de trouble; car si le vœu d'une nation ne peut être évidemment constaté que dans un temps de calme, jamais une convention ne peut dire qu'elle réunit le vœu de toute une nation dans un temps de trouble. Dans ces temps malheureux, il existe toujours un parti le plus fort qui impose silence aux autres.

J'ai donc bien prouvé, je crois, qu'une nation n'a pas le droit de changer son gouvernement, et qu'une convention a moins de droit encore d'opérer, de son chef, ce changement.

CHAPITRE II.

Une nation a-t-elle le droit d'accepter un nouveau gouvernement organisé par une convention ?

Avoir démontré qu'une nation n'a pas le droit de changer son gouvernement, c'est avoir en même-temps démontré qu'elle n'en peut accepter un autre d'une convention. Qui n'a pas le droit de faire, n'a pas le droit de faire faire ; qui n'a pas le droit de changer doit rester à sa place ; enfin qui ne peut consentir ne peut accepter.

Mais quoi ! s'écrie-t-on de toute part, n'est-ce pas dans une nation que réside la plénitude de la souveraineté ? N'est-ce pas sa volonté qui fait la loi ? Qui peut donc l'empêcher de changer son gouvernement quand elle le veut, et de le faire changer par qui elle le veut ?

« C'est une chose, dit Plutarque, bien dangereuse que » de vouloir ce qu'on ne doit pas faire quand on peut » faire tout ce qu'on veut ». [1] Or, j'ai déjà, ce me semble, assez bien prouvé que pour sa propre conservation, une nation ne doit point vouloir ce qu'elle ne doit pas, quoi qu'elle puisse faire tout ce qu'elle veut,

---

[1] Traité qu'un prince doit être instruit.

car ce n'est ni le fait ni le résultat de la force qu'il faut consulter, c'est la raison, la justice, et par conséquent le droit, seul juge du mérite des choses et des actions.

En vain pour caresser les peuples et disposer de leurs forfaits à la destruction des sociétés, au boulversement des empires cherche-t-on à rhabiller, à rajeunir cet antique sophisme qu'il n'est rien de juste et de raisonnable que ce qui est ordonné par la loi ; en vain, pour renforcer cette absurdité, ajoute-t-on cette autre absurdité que la loi est l'expression de la volonté générale, on ne cesse pas pour cela d'être moins absurde. Agir ainsi, c'est ressembler à ces grands coupables qui, pour obtenir l'impunité de leurs premiers crimes, en commettent mille autres.

Rousseau, dans notre siècle, est le premier qui s'est efforcé de ressusciter ces antiques extravagances des écoles grecques, en avançant avec le ton d'un inspiré que la loi est l'expression de la volonté générale, d'où il suit que comme il faut obéir à la loi, il faut commettre aveuglement tous les forfaits que cette prétendue volonté générale commande, parce qu'ils deviennent justes et raisonnables du moment qu'elle les a commandés, et qu'ils sont la loi même puis qu'ils en sont l'expression.

Aussi n'est-il pas étonnant que les chefs de la démagogie, métamorphorsant l'année passée leur volonté particulière en volonté générale, prêchassent avec tant de force une si aveugle soumission à la loi, et que pour l'exécuter leurs satellites et leurs bourreaux, semblables aux assassins du vieux de la Montagne , se baignassent dans des flots de sang avec aussi peu de pitié que de remords.

Quelle espèce que la nôtre ! et que l'homme sensé rougit d'être homme , quand il voit, qu'avec d'audacieux paradoxe , des mots vuides de sens , on peut précipiter un peuple entier dans toutes les extravagances et les frénésies du fanatisme le plus atroce ?

Mais , qu'est-ce donc que la volonté générale ? c'est la volonté de toute une nation ou du moins de sa majorité.

Or , de quoi est composé une nation , ou la majorité d'une nation ? D'un petit nombre de gens sages et éclairés, le surplus est formé de cette multitude de demi-savans , de prétendus beaux esprits , d'ignorans, d'enthousiastes, de fripons , d'imbécilles , qui n'ont presque d'autre intelligence que l'instinct de la brute; c'est donc cette énorme et aveugle masse qui fait la volonté générale et par conséquent la loi.

Or , peut-on sans rougir appeler du nom de loi ce qui n'est et ne peut être que l'ouvrage de l'ignorance , de la friponnerie , de la bêtise , de la folie et de la stupidité ?

Voilà cependant ce qui boulverse aujourd'hui toute l'Europe , ébranle les empires , précipite vers le penchant de sa ruine le plus ancien et le plus florissant état du monde ; voilà ce qui détruit jusques dans leurs sources sa population , ses richesses , ses beaux arts et tous les élémens de son antique prospérité; voilà pour récompense de tant de dévastations et de barbaries , ce qui a mérité au citoyen de Genève les honneurs du Panthéon

français, au moment même où les mânes sanglans de
tant de milliers de victimes, qu'on immoloit alors, ve-
noient en foule, au milieu de sa marche triomphale,
reprocher à son ombre épouvantée, tous les crimes et
tous les massacres enfantés par sa doctrine abominable.

Mais je reviens à ma discussion. Ce Rousseau, dont
on a fait un dieu pour avoir fait tant de mal à l'espèce
humaine; cet homme, si contradictoire avec lui-même,
n'a pu, dans un autre de ses ouvrages, se dissimuler la
fausseté de ce principe; lisons ce qu'il en dit dans son
discours sur *l'économie politique*, ensuite nous en tire-
rons les conséquences.

« Comment me dira-t-on connoître la volonté générale
» dans le cas où elle ne s'est pas expliquée ? Faudra-t-il
» assembler la nation à chaque événement imprévu ?
» Il faudra d'autant moins l'assembler qu'il n'est pas
» sûr que sa décision fût l'expression de la volonté gé-
» nérale ; que ce moyen est impraticable dans un grand
» peuple, et qu'il est rarement nécessaire, quand le gou-
» vernement est bien intentionné, car les chefs savent
» assez que la volonté générale est toujours pour le parti
» le plus favorable à l'intérêt public, c'est-à-dire, le plus
» équitable; de sorte qu'il ne faut qu'être juste pour s'as-
» surer de la volonté générale. »

Mais si d'une part il n'est pas sûr qu'en assemblant
une nation sa décision soit la volonté générale, cette décision ne peut donc être regardée comme l'expression in-
faillible de la loi? Comment donc savoir si le législateur
a parlé ? D'une autre part s'il suffit d'être juste pour

s'assurer de la volonté générale, qu'est-il nécessaire de consulter cette volonté ? Ce qui suffit a-t-il donc besoin d'autre chose ?

Toutes ces logomachies ressemblent assez bien à ce galimathias que *Cotta* dans *Ciceron* [1] reprochoit à *Velleius*, lequel, d'après Epicure, soutenoit qu'un dieu *n'avoit pas un corps, mais comme un corps; qu'il n'avoit pas du sang, mais comme du sang.* Ici *la volonté générale n'est pas la loi, mais comme la loi; la justice n'est pas la volonté générale, mais comme la volonté générale.* Voilà, disoit *Cotta* au disciple d'Epicure, comme raisonnent les gens de votre secte qui ne se comprennent pas et veulent n'être pas compris.

Rousseau, pourquoi ce charlatanisme? Pourquoi nous tromper avec des mots susceptibles d'un sens si monstrueux ? Qu'il y auroit eu de sagesse à ne pas les exposer au grand jour! que de maux vous auriez épargné à la triste humanité! que de pères, que d'époux et d'épouses, que de fils, de parens et d'amis vivroient encore! Ils vivroient; et tant de familles dépouillées, tant de veuves éperdues, tant d'orphelins si délaissés n'offriroient pas à nos regards, par leur misère, leurs gémissemens et leurs sanglots, le spectacle déchirant de la plus affreuse désolation.

Que vous a donc fait la France? Elle qui vous a si généreusement accordé l'hospitalité pendant que vous étiez rejetté du sein de votre patrie; elle qui vous a

---

[1] *De natura Deorum.*

décerné les honneurs divins, lorsque votre terre natale eût repoussé peut-être avec indignation l'urne où vos cendres reposoient. Que vous a fait, dis-je, cette France, autrefois si rayonnante de gloire, maintenant si avilie, si déchirée, si misérable, pour l'avoir boulversée, incendiée, ensanglantée par vos paroles magiques, paroles qui, semblables aux poisons de *Circé*, ont métamorphosé une moitié de ses habitans en bêtes féroces pour dévorer l'autre ?

Votre système n'est propre qu'à mettre l'anarchie en principe, à promener ses ravages dans toutes les parties de l'univers, à commander et faire commettre toutes les atrocités dont est capable l'espèce humaine, la plus abrutie par l'ivresse du sang et de tous les forfaits, puisqu'il suffit dans un état d'être le parti le plus nombreux, ou le plus fort, pour légitimer les plus exécrables scélératesses, en les faisant passer pour l'expression de la volonté générale, et par conséquent pour la loi.

Mais après avoir pulvérisé l'un des principaux appuis de la politique moderne, n'imitons pas le philosophisme du jour, qui détruit tout sans rien mettre à la place : bâtissons au contraire où nous avons démoli.

Qu'est-ce que la loi ? C'est l'expression de la raison et de la justice.

Je dis de la raison et de la justice, parce qu'il ne peut exister de loi si elle n'est raisonnable et juste, et qu'il n'appartient qu'à la raison et la justice de captiver le cœur et l'esprit des hommes par une lumière intérieure, un sentiment intime, qui leur apprennent à discerner, à

connoître avec évidence ce qu'ils doivent faire ou ne
doivent pas faire, ce qui leur est permis, ce qui leur est
défendu.

C'est en partant de ce principe que le premier des
orateurs et le plus grand philosophe de l'ancienne Rome,
a défini la loi. « Une première raison, une raison suprême
» imprimée dans la nature, qui prescrit ce que nous
» devons faire et ce que nous devons éviter. *Lex est ratio*
» *summa insita in naturâ, quæ jubet ea quæ facienda*
» *sunt, prohibet que contraria* ».

La volonté particulière des individus, comme la volonté générale des nations, sont également subordonnées
à cette raison primitive, cette raison divine; parce qu'il
n'y a pas deux raisons et deux justices; que l'une et l'autre
commandent aux individus pris partiellement, ainsi qu'à
l'espèce prise collectivement, et qu'il seroit absurde que
ce qui fait le bonheur des parties du tout, y maintient
l'ordre et l'harmonie, fût impuissant pour faire le bonheur du tout entier, et y maintenir le même ordre et la
même harmonie.

Cette raison, cette justice ne bornent pas leurs bien-
faits à ces seuls avantages; elles lient encore le ciel à la
terre, associent l'homme à la divinité, en le rendant
pour ainsi dire son égal; parce que de tous les êtres qui
existent sur la terre, l'homme est le seul doué de raison
capable de justice, et que ne se trouvant qu'en lui et
qu'en Dieu, cette parfaite ressemblance établit entre
l'homme et Dieu un lien de communauté, un pacte social

aussi

aussi identifiquement le même que celui qui unit les
hommes ensemble.

« Puisqu'il n'est rien de plus excellent que la raison,
» et qu'elle ne se trouve qu'en Dieu et que dans l'homme,
» la raison est donc le premier lien de société entre les
» hommes et les dieux. La loi forme le second ; car ce
» n'est pas seulement la raison qui leur est commune,
» c'est la droite raison, qui n'est autre chose que la
» loi : mais où la loi est la même, là le droit est le même.
» Ainsi ceux à qui de pareils avantages sont communs,
» doivent être réputés citoyens de la même ville ; ils
» doivent l'être, sur-tout, lorsqu'ils reconnoissent la
» même souveraineté, la même puissance. Or les dieux
» et les hommes sont dans une égale dépendance de
» cet ordre éternel, de cet esprit divin et de ce Dieu
» tout-puissant. Ainsi cet univers peut être considéré
» comme une seule ville qui sert de patrie aux dieux et
» aux hommes ; mais il y a cette différence glorieuse et
» magnifique entre cette ville universelle et nos villes
» ordinaires, c'est que dans celles-ci les états sont distin-
» gués par les familles, et que dans celle-là les hommes ne
» composent avec les dieux qu'une même famille, qu'une
» même parenté [1] ».

---

[1] Est igitur, quoniam nihil est ratione melius, eaque et in
homine et in Deo, prima homini cum Deo rationis societas, inter
quos autem ratio, inter eosdem etiam recta ratio communis est. Quæ
cum sit lex, lege quoque consociati homines cum diis putandi
sumus. Inter quos porrò est communio legis, inter eos communio

Il existe donc autant de différence entre la définition de la loi que nous venons de donner et celle du philosophe de Genève, qu'il s'en trouve entre ce qui change toujours au gré de l'aveugle et capricieuse multitude, et ce qui, de sa nature, est immuable et éternel comme Dieu même ; car il suivroit très-bien que si la volonté générale faisoit la loi, toutes les bases de la morale pourroient être changées, le mal prendre la place du bien, les crimes prétendre à toutes les jouissances intérieures des vertus, celles-ci n'éprouver que des remords, ceux-là que les plaisirs secrets qui font le charme et les délices de tous les cœurs irréprochables, puisqu'une nation, ou du moins ceux qui la gouvernent, n'auroient qu'à le vouloir ou le lui faire vouloir pour que cela fût.

Mais qu'il en est autrement d'après notre définition ! Il est au-dessus de toute puissance humaine de changer ces mêmes bases; de faire que ce qui est bien, que ce qui est mal cessent de l'être dans tous les lieux, dans tous les temps, et que le crime usurpe jamais la conscience de la vertu.

---

juris est. Quibusantem hæc sunt inter eos communia, et civitatis ejusdem habendi sunt. Si verò iisdem imperiis et potestatibus parent, multò etiam magis: parent autem huic cœlesti descriptioni, mentique divinæ, et præpotenti Deo; ut jam universus hic mundus una civitas communis Deorum atque hominum existimanda sit, et quod in civitatibus ratione quâdam, agnationibus familiarum distinguuntur status id in rerum natura tantò est magnificentius tantòque præclarius, ut homines deorum agnatione et gente teneantur. Cic. de legib. lib. I.

O ! qui que vous soyez, descendez en vous-même, et dites, lorsque vous avez eu la douce satisfaction de faire quelque bien, ou le malheur de vous porter au mal; dites s'il est au pouvoir des loix humaines d'effacer de vos cœurs ou cette jouissance céleste, qui n'est que le partage d'une divinité bienfaisante ou ces affreux et sombres mécontentemens qui déchirent sans cesse les êtres infernaux. Parlez, et que le sentiment soit ici votre juge et le nôtre.

« Eh quoi ! si les ordonnances des peuples, les décrets
» des princes, les jugemens des magistrats pouvoient
» constituer le droit ; le vol, l'adultère, les suppositions
» de testament deviendroient donc justes s'il étoit pos
» sible de transformer en loi la volonté de la multitude ?
» Mais si les opinions et la volonté des insensés sont ca-
» pables de changer la nature des choses, pourquoi ne
» décrètent-ils pas que le mal passera pour le bien, ce
» qui est nuisible pour ce qui est avantageux ? Ou, pour-
» quoi la loi, pouvant convertir le droit en injustice, ne
» convertit-elle pas le mal en bien [1] » ?

---

[1] Quòd si populorum jussis, si principum decretis, si sententiis judicum, jura constituerentur, jus esset latrocinari, jus adulterare, jus testamenta falsa supponere, si hæc suffragiis aut scitis multitudinis probarentur. Quæ si tanta potentia est stultorum sententiis, atque jussis, ut eorum suffragiis rerum natura vertatur : cur non sanciunt, ut, quæ mala perniciosaque sunt, habeantur pro bonis ac salutaribus ? Aut cur, cum jus ex injuria lex facere possit, bonum eadem facere non possit ex malo. Cic. de legib. lib. I.

Pourquoi ? Parce que nous sommes tous nés pour la justice ; que le droit ou la loi n'est point un établissement de l'opinion, mais l'ouvrage de la nature ; car elle a tellement enchaînés nos devoirs les uns envers les autres, que nous ne pouvons nous en dispenser sans nous faire tort à nous - mêmes.

En effet, si nous desirons qu'on nous aime, qu'on nous fasse du bien et qu'on soit juste envers nous, nos désirs ne peuvent être satisfaits et nos vœux accomplis si, par une raison de réciprocité et d'égalité, nous n'aimons les autres, si nous ne leur faisons du bien, et si nous ne sommes justes à leur égard.

Ainsi, suivant cet enchaînement, la nature nous tient dans sa dépendance par nos besoins, par l'amour de nous-mêmes et de la conservation de notre être ; elle nous force, par cette nécessité, d'aimer les autres, de les conserver, d'être justes envers eux par rapport à nous, et d'obéir à cette loi qui n'est que la raison humaine perfectionnée.

Ajoutons encore, avec Cicéron, que [1] « la nature est » notre unique règle pour distinguer une bonne loi d'une » mauvaise, pour discerner non-seulement le juste de » l'injuste, mais encore ce qui est honnête d'avec ce » qui est honteux ; une intelligence commune à tous » les hommes a ébauché dans notre ame les premières » notions des choses, et nous en a donné une connois-

---

[1] Atqui nos legem bonam à mala nulla alia nisi naturæ norma dividere possumus. Nec solùm jus à natura dijudicatur, sed omnino

» sance générale, suivant laquelle nous rapportons à la
» vertu ce qui est honnête, et au vice ce qui est honteux.
» Or, penser que tout cela ne consiste que dans l'opinion
» et non dans la nature, c'est avoir perdu le sens commun.
» Nous n'oserions dire la même chose de la bonté d'un
» arbre ou d'un cheval, lorsqu'abusant du terme, nous
» appellons bon l'un ou l'autre; car elle n'est pas dans
» l'opinion cette bonté, elle est dans l'arbre ou le cheval:
» à plus forte raison doit-on distinguer, par la nature,
» l'honnête d'avec le honteux ».

Je le demande : qu'est-ce qui raisonne ici d'une manière plus conséquente, plus avantageuse à l'humanité,
plus digne d'un être intelligent, ou du philosophe gene-
vois, ou du philosophe romain? N'est-il pas évident
que la doctrine du premier n'est que celle d'un factieux
qui déploie tous les ressorts de son génie pour ramener
l'anarchie des premiers âges du monde, le plonger dans
le chaos, et faire massacrer par l'autre une partie du
genre humain?

N'est-il pas évident encore que la doctrine du second
est celle d'un sage, d'un ami de l'humanité, d'un homme
d'état consommé, qui pose les bases des sociétés, les fon-

---

omnia honesta ac turpia. Nam et communis intelligentia nobis notas
res efficit, easque in animis nostris inchoavit, ut honesta in virtute
ponantur, in vitiis turpia. Hæc autem in opinione existimare, non
in natura ponere dementis est : nam nec arboris, nec equi virtus,
quæ dicitur, in quo abutimur nomine, in opinione sita est, sed
in natura. Quòd si ita est, honesta quoque, et turpia, natura dijudi-
canda sunt. Cic. de legib. lib. I.

C 3

demens des empires , ainsi que leurs principes conser-
vateurs dans la règle immuable du bien , c'est-à-dire,
dans le sein du grand être , du créateur de toutes
choses?

Maintenant qu'on ne peut plus invoquer comme loi
la volonté générale , ni la donner pour la source , l'origine et le régulateur de tout ordre moral et politique sans
se montrer absurde ou de mauvaise foi, revenons à notre
principale question.

Une nation a-t-elle le droit d'accepter des mains d'une
convention un autre gouvernement que celui qu'elle
a reçu de la nature? Cette question ne peut plus être
problématique d'après ce que j'ai dit dans le chapitre
précédent.

Mais comme je n'ai point épuisé la matière, et qu'il
est essentiel de tarir dans leurs sources toutes les objec-
tions, je discuterai cette question sous un nouveau point
de vue.

Jusqu'ici je ne l'ai considérée que dans le rapport des
gouvernans et des gouvernés, et dans la réunion des volontés particulières formant la volonté générale.

Maintenant je vais l'examiner dans les relations que
cette nation peut avoir avec ses voisins, et avec les
différentes fractions d'elle-même.

D'abord, je suppose ce qu'on n'a jamais vu , et ce
qu'on ne verra jamais, que les gouvernés et les gouvernans n'aient qu'une même volonté pour changer leur
gouvernement : ils n'ont pas droit de le faire si ce changement porte atteinte à l'ordre établi chez les nations
voisines.

Je l'ai dit : il n'est point deux raisons et deux justices ; l'une et l'autre ne sont qu'une pour les particuliers et pour les nations.

Or, de même qu'un propriétaire n'a pas le droit d'user de sa chose d'une manière nuisible à ses voisins, et d'y former, par exemple, des établissemens qui peuvent incendier leurs possessions, parce que l'une des premières règles de la raison et de la justice, est de ne faire tort à personne, *alterum non lædere*, et de rendre à chacun ce qui lui appartient, *suum cuique tribuere*.

De même une nation ne peut changer son gouvernement, dès que ce changement nuit à ses voisins, soit en détruisant les engagemens contractés avec eux, soit en les mettant dans la crainte du bouleversement de leur constitution, ou par aggression, ou par la dissémination de principes subversifs de toute société.

Ainsi, comme un voisin a le droit incontestable de s'opposer aux entreprises de son voisin lorsqu'elles tendent à diminuer les avantages de sa propriété, ou la mettent en danger ; ainsi, par la même raison, un peuple a le droit de s'opposer aux innovations qu'un autre peuple fait dans son gouvernement, lorsque ces innovations peuvent lui causer du dommage.

On a beau dire que la nation qui fait ces changemens le veut, qu'elle est la maîtresse chez elle, que sa volonté fait la loi ; on répond que cette volonté n'est qu'un mot vuide de sens, qu'une absurdité, et qu'en lui supposant quelque chose de réel, elle ne seroit que particulière.

Or, la volonté contraire de deux peuples n'est pas

plus aux yeux de la raison et de la justice, que la volonté contraire de deux particuliers.

Si donc il existoit des tribunaux pour vuider les différends de peuples à peuples, comme il en existe pour vuider les différends de particuliers à particuliers, qui peut douter que pour les uns et pour les autres la décision ne fût alors la même? Où il y a parité de raison, ne doit-il pas y avoir parité de jugement ?

Les puissances environnantes ont donc bien constamment le droit de s'opposer au changement du gouvernement d'une nation, lorsque ce changement leur porte préjudice.

Maintenant, considérons cette nation agissant avec elle-même; supposons qu'une partie veuille le changement, et que l'autre ne le veuille pas. Eh bien! la portion qui veut, quand elle réuniroit la très-grande majorité, ne sauroit l'emporter sur la portion qui ne veut pas, celle-ci ne formât-elle que la très-petite minorité.

Dans le doute de ce qui est avec ce qui sera, la sagesse ordonne de s'abstenir et de rester dans un état qu'on connoit avec ses abus, plutôt que de s'exposer, au milieu des désastres provoqués par le bouleversement des sociétés, à la recherche d'un nouvel état qu'on ne connoit point, et dont on ne peut calculer les abus et leurs funestes ravages.

Ajoutons que, quelqu'étendu que soit le pouvoir d'une nation, il ne peut aller jusqu'à vouloir son malheur, ni celui d'autrui; car, de même qu'un homme n'a pas le droit de s'ôter la vie et de l'ôter à son semblable, sur

le plus léger prétexte d'intérêt ; de même une nation
n'a pas le droit de se détruire, et de détruire la portion
d'elle-même qui n'est pas de son avis, pour le changement de son gouvernement.

Quand un peuple est parvenu jusqu'à ce point de divi-
sion avec lui-même, et que l'aveugle et turbulente majorité abuse de sa force pour contraindre la minorité à
souscrire à son caprice, elle se rend d'autant plus coupable qu'elle agit absolument sans droit ; car alors le corps
social est anéanti, ses membres rentrent dans l'état de
nature, de sorte qu'aucun d'eux n'a pas plus de droit
de vouloir qu'on lui obéisse, que les autres n'ont le droit
de lui commander.

L'état de nature, dit Locke [1], est « un état de par-
» faite liberté, un état dans lequel, sans demander de
» permission à personne, et sans dépendre de la volonté
» d'aucun autre homme, ils peuvent faire ce qu'il leur
» plaît, et disposer de ce qu'ils possèdent et de leurs per-
» sonnes comme ils le jugent à-propos, pourvu qu'ils se
» tiennent dans les bornes de la loi de la nature.

» Cet état est aussi un état d'égalité, ensorte que tout
» pouvoir et toute jurisdiction est réciproque, un homme
» n'en n'ayant pas plus qu'un autre ; car il est très-évi-
» dent que des créatures d'une même espèce et du même
» ordre, qui sont nées sans distinction, qui ont part aux
» mêmes avantages de la nature, qui ont les mêmes

---

[1] Du gouvernement civil, chap. I, N° 1.

« facultés, doivent être pareillement égales entr'elles,
» sans nulle subordination ou sujétion ».

Quoi ! une nation mécontente de son gouvernement, ne pourra le changer, parce qu'une poignée de dissidens l'en empêchera par un vœu contraire ; mais s'il ne lui est pas permis de faire son malheur, il ne lui est pas défendu d'assurer son bien-être par une nouvelle constitution.

Mais d'abord pour prononcer sur une question si majeure, la volonté, le mécontentement de la multitude ne sauroient être comptés pour rien, parce qu'en général la multitude aveugle et ignorante se plaint souvent sans savoir pourquoi. La voix du plus petit nombre doit avoir ici la prépondérance, parce que le plus petit nombre dans une nation est toujours le plus instruit et le plus éclairé.

Dans cette hypothèse la multitude, à l'exemple des mineurs et des incapables, doit être rangée dans la classe de tous les individus de cette espèce, qui ne peuvent contracter parce qu'ils sont hors d'état de savoir ce qu'ils font ; le petit nombre, à l'exemple des tuteurs et des curateurs, qui représentent les mineurs et les interdits, doivent représenter la nation entière, et contracter pour elle.

Car si l'on convient que pour bien juger de la nature il faut la chercher dans les êtres les plus parfaits, de même on doit convenir que pour juger d'une nation il faut la prendre dans la portion d'elle-même, la plus distinguée par ses lumières et les autres qualités qui rendent recommandable : c'est donc cette portion qui forme, à proprement parler, le corps de la nation.

Or, cette portion conviendra sans peine qu'un peuple a le droit de perfectionner son gouvernement, d'extirper les abus qui le minent, et d'ajouter ce qui peut manquer à son ancienne constitution ; mais elle n'accordera jamais que pour faire son bonheur, ce peuple doive détruire son antique gouvernement pour en adopter un autre d'une nature toute opposée.

Il n'en est pas d'une constitution comme d'une maison qu'on peut démolir et reconstruire sans grands inconvéniens sur un nouveau plan, dans l'espace de plusieurs mois. Une constitution n'est ni l'ouvrage d'une année, ni l'ouvrage d'un siècle ; elle est le résultat de l'expérience, le fruit de la sagesse d'une longue suite de siècles ; or, jusqu'à ce que la nouvelle constitution ait acquis cette assiette, cette perfection que dispense la main du temps, que l'on compte si l'on peut combien de générations malheureuses vont se succéder sur cette mer agitée par toutes les tempêtes révolutionnaires ?

Car enfin, si c'est un devoir imposé par la nature à tous les hommes de s'occuper du bien être de leur postérité, il ne leur est pas défendu de s'occuper un peu d'eux-mêmes, et de rendre leur existence plus supportable ; mais se dévouer tout entier au malheur pour des individus qu'on ne connoît point, et qu'on ne connoîtra jamais, un tel héroïsme n'est ordonné nulle part. Que dis-je, héroïsme ? Un tel acte est plus voisin de la folie que de la raison.

En effet, quel faux et barbare calcul ! Comment, au milieu des maux effroyables qui marchent à la suite d'une révolution, se flatter de l'idée du bonheur ?

Du bonheur ?.... Sera-t-il le partage de tant de millions de familles ruinées ? Mais si les pères se sont vu ravir leur héritage, et tous les moyens d'assurer le bien-être de leurs enfans ; comment ces enfans qui ne pouvoient tirer les premiers germes de leur aisance et de leur fortune que de leurs pères, pourront-ils à leur tour transmettre le bonheur aux enfans qui naîtront d'eux. Qui ne reçoit rien, peut-il transmettre quelques choses ? Voilà donc trois ou quatre générations plongées successivement dans toutes les privations et les horreurs de la misère. Et puis vantez-nous les avantages des révolutions ?

Vantez-nous leurs avantages, lorsque d'autres milliers de familles moissonnées par des hordes d'assassins et d'antropophages, forment dans la propagation de l'espèce une si effroyable lacune ? Qui rendra à la culture, aux arts, aux métiers, tant de bras qu'ils ont perdus ? Qui rendra à la nature, à l'humanité, tant d'êtres, qui dans l'ordre des naissances devoient un jour occuper leur place ? Que de millions d'individus les massacres d'une révolution condamnent au néant, et pour l'âge présent et pour les âges à venir ! Et les révolutions, oseriez-vous le répéter encore, régénèrent les nations, et préparent leur bonheur.

Ah ! cessez de tenir un langage si barbare ; il outrage la nature et la raison. Sachez que cette raison et cette nature s'obstinent à maintenir chaque chose à la place qui lui est assignée : que dans l'ordre moral et physique, dans l'ordre civil et politique, tout est lié par une chaîne indissoluble ; que si les planettes ne peuvent s'écarter du cercle qu'elles décrivent, les élémens changer leur essence, l'homme s'élever à l'intelligence des êtres supérieurs, et les animaux à l'intelligence de l'homme ; les individus dans l'ordre civil, les peuples dans l'ordre politique ne sauroient rompre cette chaîne. S'ils ont toujours été si sévèrement punis par toutes les calamités qui désolent l'espèce lorsqu'ils ont tenté de la briser ; n'est-ce pas une démonstration victorieuse que les hommes isolés ou rassemblés ne peuvent être autre chose que ce qu'ordonnent cette raison dominatrice, et cette toute-puissante nature.

Quelquefois, je l'avoue, on a vu dans les crises convulsives des empires une faction plus puissante s'emparer du pouvoir, usurper le nom de la nation qu'elle asservissoit, lui donner ses caprices pour règle, ses opinions pour base de la morale publique, et pour loi ses décisions.

« Mais, il ne faut pas croire, dit Cicéron, que le
» bien et le mal dépendent de ce que prescrivent ou
» défendent de pareils réglemens. Cette vertu dérive
» d'un pouvoir qui n'a pas seulement précédé la nais-
» sance des peuples et des villes, mais ce pouvoir est
» aussi ancien que le dieu qui conserve et gouverne le
» ciel et la terre [1] ».

---

[1] Nec verò intelligi sic oportet et hæc et alia jussa ac vetita popu-

« Car comme cet esprit divin ne peut être sans raison,
» sa raison ne sauroit exister sans ce pouvoir. Règle
» décisive et absolue du bien et du mal.... Ainsi quand
» il n'y auroit pas eu de loi écrite sous le règne de
» Tarquin contre l'adultère, la violence commise par
» son fils contre *Lucrèce*, fille de Tricipitinus, n'en
» auroit pas été moins contraire à cette loi éternelle ;
» car alors il existoit une raison fondée sur la nature
» même, qui nous invitoit au bien et nous détournoit
» du mal, et cette raison a force de loi, non pas seu-
» lement du jour qu'elle a été écrite, mais dès l'instant
» qu'elle a commencé ; or, elle a commencé avec Dieu ;
» c'est pourquoi la véritable loi, la loi première par
» son excellence, celle qui a vraiment le pouvoir de
» commander et de défendre est la droite raison de
» Dieu même » [1].

...iorum vim habere ac recte facta vocandi et à peccatis avocandi; quæ vis non modò senior est, quàm ætas populorum et civitatum, sed æqualis illius cœlum, atque terras tuentis et regentis Dei.

[1] Neque enim esse mens divina sine ratione potest, nec ratio divina non hanc vim in rectis pravisque sanciendis habet.... Nec si regnante Tarquinio nulla erat Romæ scripta lex de stupris; idcircò non contra illam legem sempiternam Sextus Tarquinius vim Lucretiæ Tricipitini filiæ attulit; erat enim ratio, profecta à rerum natura, et ad recte faciendum impellens, et à delicto avocans: quæ non tum denique incipit lex esse, cum scripta est, sed tum cum orta est, orta autem simul est cum mente divina; quamobrem lex vera, atque princeps, apta ad jubendum et ad vetandum, ratio est recta summi Jovis. Cic. de leg. lib. II.

Or, cette droite raison de Dieu même, défend à toute nation de changer son gouvernement, elle le lui défend par rapport à sa propre conservation, pour l'empêcher de retomber dans les horreurs de l'anarchie contre lesquelles elle s'étoit mise à couvert, en s'organisant en société; elle le lui défend par rapport à ses voisins, auxquels il ne lui est pas permis de nuire; elle le lui défend par rapport à la portion d'elle même, qui reclame contre ces changemens, et dont elle n'a pas le droit de faire le malheur; et cette défense, quoique non écrite, n'existe pas seulement d'aujourd'hui, elle embrasse également le passé et l'avenir; car la raison qui veut qu'on ne se fasse pas de mal à soi-même, et qu'on n'en fasse pas aux autres, est aussi ancienne que Dieu, et aussi éternelle que lui: tout ce qui blesse cette raison ne peut donc dans aucuns des points de la durée obtenir le nom de loi, de constitution, de charte, de réglement fondamental; il n'a donc par conséquent dans aucun cas, dans aucun temps, nulle autorité légitime pour commander et pour défendre.

C'est la conséquence que Cicéron tire lui-même: « Quoi! des peuples n'autorisent-ils pas des choses per» nicieuses et funestes, aussi éloignées du nom de loi, » que le seroient des conventions faites par des brigands. » Or, comme dans la vérité l'on ne sauroit appeller » ordonnances de médecins les recettes de ces ignorans » empiriques, qui donnent les poisons les plus mortels » pour les remèdes les plus efficaces; de même une » loi pernicieuse, quelle que soit sa dénomination, ne

» doit pas passer pour loi, quand même un peuple entier
» auroit pu se résoudre à l'accepter [1] ».

A Dieu ne plaise qu'on m'accuse de fournir sur ce
passage matière à aucune application injurieuse! Mais
je dirai, d'après l'orateur romain, que si un peuple ne
peut par son acceptation imprimer le caractère
de loi à tout ce qui est nuisible et pernicieux ; un
peuple peut donc encore moins légitimer, par son acceptation, un gouvernement fait par une convention,
lorsque cette convention n'a pas le droit de le faire ;
lorsque ce gouvernement compromet l'existence naturelle et sociale de ses membres, et qu'il menace des
mêmes calamités les nations voisines ; car qui n'a
pas le droit de faire une chose à cause d'un petit mal,
à moins encore le droit de la faire, à cause d'un mal
infiniment plus grand.

J'ai donc bien prouvé, je crois, ce que j'avois promis
dans les deux précédens chapitres, et qu'une convention n'avoit pas le droit de changer le gouvernement
d'une nation, et qu'une nation n'avoit pas le droit
d'accepter ces changemens. Prouvons encore qu'il n'est
pas possible à une convention de donner un gouvernement à une nation.

---

[1] Quid, quòd multa perniciosa, multa pestifera sciscuntur in
populis, quæ non magis legis nomen attingunt, quàm si latrones ali-
qua consensu suo sanxerint? Namque medicorum præcepta dici verè
possent, si quæ inscii imperitique pro salutaribus mortifera conscrip-
serint ; neque in populo lex ejuscemodi fuerit illa etiamsi perni-
ciosum aliquid populus acceperit. Cic. de leg. lib. II.

CHAPITRE

CHAPITRE III.

Est-il possible qu'une convention donne un gouvernement à une nation ?

QUEL service ne rendroit pas un homme qui trouveroit le secret d'apprivoiser les ours, les panthères, les tigres, les lions, et les feroit servir aux usages de la société? Ce service, les législateurs l'ont rendu au monde, en civilisant l'homme ; d'animal féroce qu'il étoit ils en ont fait un être juste et bienfaisant. A l'exemple d'*Orphée* et d'*Amphion*, ils ont su, par les plus doux accords, rendre sensibles des divinités infernales, et bâtir les murs des villes.

Mais pour apprécier les difficultés qu'ils ont rencontrées dans l'exécution d'une pareille tentative, il est important de comparer les circonstances et les époques où ils se sont trouvés.

Car s'il existe une différence infinie entre un petit peuple qui ne fait que de naître, et un peuple nombreux qui a vieilli long-temps, il doit exister une différence non moins considérable entre le génie, les connoissances, les talens d'un législateur, qui donne des lois à un peuple vierge, isolé, peu nombreux, et d'un législateur qui trace un nouveau gouvernement à un grand peuple, qui tient par mille relations à d'autres grands

D

peuples, et qui touche à la décrépitude ; autant l'un rencontre de facilités dans l'exécution de son entreprise, autant l'autre dans la sienne doit éprouver d'obstacles et d'impossibilités.

En effet, les hommes ne peuvent point ne pas vivre en société, leurs besoins et leurs jouissances, leurs peines et leurs plaisirs, leur force et leur foiblesse, les contraignent à se rassembler, à se donner des loix, un gouvernement. Cette nécessité remplit chez les hommes les fonctions de l'instinct chez les animaux. Elle leur fait faire tout ce qu'ils ne feroient pas sans cette puissance irrésistible.

Ainsi, comme on n'a pas vu les animaux d'une même espèce, se mélanger, s'unir et multiplier avec les animaux d'une autre espèce ; que chacune d'elles forme, pour ainsi dire, son état, sa caste à part, à laquelle elle s'allie ; de même on n'a point encore vu l'espèce humaine s'isoler, se disséminer individuellement sur la surface de la terre.

Un secret penchant a toujours attiré les hommes les uns vers les autres, et depuis les sauvages errans en troupes dans les déserts, jusqu'aux nations qui s'étendent sur la superficie des plus vastes empires, jamais ils n'ont cessé de se rapprocher. Or, quelle plus grande démonstration qu'une chose s'est toujours faite, et qu'elle se fera toujours, lorsqu'on l'a toujours vu se faire dans tous les temps et dans tous les lieux.

Cette disposition de la nature facilite donc l'ouvrage du législateur. Comme il ne s'agit plus que de bâtir lors-

que le terrein est préparé, de même, dans ces premiers
commencemens, peu d'efforts doivent lui coûter pour
faire adopter ses loix.

Parlant à des esprits et à des cœurs grossiers, si l'on
veut, mais exempts des préjugés d'une institution anté-
rieure, il sème dans une terre toute nouvelle, qui ne
peut rapporter que le même grain qui lui a été confié. Ces
hommes si nouveaux doivent même garder long-temps
les premières impressions qu'ils ont reçues, à-peu-près
comme un vase neuf conserve le goût de la première
liqueur qu'on y a renfermée.

Cependant, malgré cette si grande facilité pour civi-
liser un peuple naissant, que d'obstacles environnent un
législateur pour perfectionner et consolider son ouvrage!
Comment persuader à des êtres qui long-temps ont vécu
dans une parfaite indépendance, de n'y plus retourner
après l'avoir abjurée? Comment les convaincre qu'ils
doivent persévérer sous l'obéissance d'un maître ou le
joug de la loi, après avoir senti qu'il étoit si doux de
n'avoir de maître que soi-même, et de loi que la sienne?
Comment les accoutumer à respecter la propriété d'autrui, lorsque les rapines et le brigandage avoient fait
jusques-là le charme et les délices de leur existence?

La raison étoit trop foible, trop impuissante dans ces
premiers âges pour donner à nos affections, à nos pen-
chans une sorte de moralité, pour apprendre à l'homme
à se défendre contre sa propre inconstance, et se maintenir dans un nouvel ordre de choses si conforme à sa

dignité. Pour opérer ce prodige, il fallut recourir à une puissance supérieure.

Tous les législateurs ont donc senti la nécessité d'appeller le ciel à leur secours. S'élevant au-dessus de leurs semblables, la plupart se sont montrés à leurs yeux, non comme de simples mortels, mais comme des génies tutélaires, des intelligences célestes descendues sur la terre, par ordre de Dieu même, pour poser les bases de la morale et sanctifier toutes les vertus.

Tels furent *Zaleucus* chez les Locriens, *Minos* chez les Crétois, *Zoroastre* dans la Perse, *Licurgue* à Sparte, *Numa Pompilius* à Rome, *Moïse* parmi les Juifs, et *Mahomet* parmi les Arabes. Tous ont dicté leurs loix au nom de la divinité.

Que sont en effet les loix humaines sans la sanction du ciel ? Une règle superficielle qui dirige l'action sans lui donner l'ame, un joug qui assujétit le dehors sans le consentement de la volonté, un appareil qui couvre la plaie et ne la guérit point, un maître impérieux qui commande avec dûreté, auquel on obéit par force, contre qui l'on se révolte à la première occasion, enfin le tyran de l'extérieur, qui établit une contradiction perpétuelle entre le cœur et le visage, et au lieu d'une vertu réelle et d'un honnéte homme parfait, ne forme qu'un mérite imposteur et un véritable hypocrite.

« Ainsi donc, le législateur ne pouvant employer ni la » force, ni le raisonnement, c'est une nécessité qu'il » recours à une autorité d'un autre ordre, qui puisse » entraîner sans violence, et persuader sans convaincre ».

» Voilà ce qui força de tous temps les pères des nations
» à recourir à l'intervention du ciel, et d'honorer les
» dieux de leur propre sagesse, afin que les peuples,
» soumis aux loix de l'état comme à celle de la nature,
» et reconnoissant le même pouvoir dans la formation
» de l'homme et dans celle de la cité, obéissent avec
» liberté et portassent docilement le joug de la félicité
» publique [1] ».

Comme le vulgaire des hommes est naturellement enclin à la crédulité; que son esprit se nourrit, pour ainsi dire, de fables, de prodiges, de superstitions, on conçoit que les premiers législateurs durent tout obtenir des peuples, en battant sans cesse leur imagination avec la grande machine du merveilleux.

Pour faire ce qu'ils vouloient de ces hommes doués de toute la flexibilité de l'enfance, ils n'avoient à consulter ni le local qui devient presqu'indifférent dans les premiers commencemens des sociétés, ni de leurs relations extérieures qui dans ces temps reculés étoient absolument nulles; ni le caractère, ni les mœurs, qui n'étoient encore façonnés par aucune habitude, aucunes coutumes préexistantes.

Ainsi ces premiers instituteurs des nations, mis à leur juste place, ressembloient assez bien aux fondateurs des anciens ordres monastiques, qui, pour arracher les hommes à leurs passions, et leur donner un nouvel être, foudroyoient l'indocilité du vice et les machinations du crime, au nom d'un Dieu vengeur et rémunérateur.

____

[1] Contrat social, liv. II, chap. 7.

Si l'histoire nous les présente maintenant sous un aspect si imposant, c'est le privilège de l'antiquité, qui grossit les objets, plus elle les montre dans l'enfoncement, semblables aux grands fleuves qui élargissent leur lit à mesure qu'ils s'éloignent de leur source.

Mais quelle grandeur de génie! quelle sublimité de conception, de talens! quelle immensité de connoissance! quel fond de vertu et de renoncement à soi même ne devroit pas avoir un législateur qui, dans nos âges modernes, entreprendroit tout d'un coup de réformer un grand empire et un peuple immense; de donner, dans l'espace de deux ou trois ans, au premier, une constitution toute opposée à l'ancienne; au second, une existence sociale et politique toute différente!

Dans une entreprise aussi vaste que hardie, comment, ayant à concilier tous les intérêts, apprivoiser toutes les passions, connoîtra-t-il leurs plus secrets replis pour les diriger vers un même point de réunion, sans se laisser dominer par elles? Comment pourra-t-il découvrir, d'un seul regard, le but et les moyens, les rapports et les contrariétés, les ressources et les obstacles, maîtriser toutes les factions sans être d'aucunes, et faire concourir leurs divisions à l'harmonie du tout? Où trouver cet homme extraordinaire et presque divin?

Qui le trouvera, sur-tout dans un siècle comme le nôtre, où les ravages du philosophisme ont réduit la moralité plus en raisonnement qu'en sentiment, plus en spéculation qu'en pratique, où Dieu et la religion n'entrent pour rien, où le bien et le mal ne dépendent que d'une opération de calcul et d'intérêt?

Que sa position est différente de celle des anciens législateurs! Parlant au nom des puissances célestes, ceux-ci triomphoient aisément du petit nombre de difficultés qu'ils rencontroient; mais lui, dépouillé du droit d'être cru sur une intervention si capable de subjuguer les cœurs et les esprits, il ne lui reste que de foibles moyens humains au milieu du choc de toutes les passions courroucées.

Or, s'il ne parvient pas par l'ascendant de ses vertus, la supériorité de ses lumières à persuader à toute une nation qu'il sait mieux qu'elle-même ce qui lui convient, s'il ne la met, à son égard, dans cette situation où est le malade vis-à-vis de son médecin, le voyageur vis-à-vis de son guide, le passager dans un vaisseau vis-à-vis du pilote; s'il n'obtient de cette nation, pour ses loix, cette aveugle soumission, fondée sur ce que le médecin, le guide, le pilote sont plus habiles que le malade, le voyageur, le passager, et savent mieux qu'eux-mêmes ce qui leur est nécessaire; que cet homme, tout grand qu'il soit, abandonne son projet, et se retire, il est impossible qu'il l'exécute.

Comment, en effet, persuadera-t-il aux provinces, aux cantons, aux villes, aux bourgs, aux villages d'un grand empire, et à leur nombreux habitans, que ce qu'il fait est meilleur que ce qui s'est fait, lorsque de ces changemens il résulte une perte sensible pour les uns et un profit considérable pour les autres?

D 4

Car, dans ces grands bouleversemens, il est impossible d'échapper à ce double inconvénient, d'enrichir ceux qui étoient pauvres, d'appauvrir ceux qui étoient riches, de condamner à l'obscurité ceux qui vivoient dans l'éclat, de produire au grand jour ceux qui se cachoient dans les ténèbres ; en un mot, d'ôter aux uns pour donner aux autres.

L'intérêt de chacun fermentant alors à raison du mal et du bien, de la perte ou du profit qu'il éprouve ou qu'il retire, qu'il craint ou qu'il espère, quels seront ses moyens pour éviter la dissolution du corps social, pour empêcher les provinces d'armer contre les provinces, les villes contre les villes, les particuliers contre les particuliers ?

En vain entreprendroit-il, par de beaux discours, de prouver à ceux qui perdent, qu'ils ne perdent rien ; à ceux qui gagnent, qu'ils ne gagnent rien ; de pareils discours ne feroient pas plus d'impression que ceux d'un médecin qui prétendroit persuader à un homme attaqué d'une fièvre violente, qu'il n'est pas malade. Ce médecin ne feroit que se discréditer, et passeroit dans l'esprit du malade pour ignare charlatan.

Qu'on juge, par cette légère esquisse, combien il est impossible, je ne dis pas de changer subitement la constitution d'un vieux peuple, mais de la réformer sur quelques points ; comment opérer cette brusque réforme sans exciter des tempêtes dans un état où chaque individu n'a d'attache pour les choses qu'à proportion de l'avantage qu'il en retire ? Donc toutes les passions, les vices, les vertus, les mœurs, les coutumes, ont leurs profondes racines dans l'intérêt personnel, dans l'amour exclusif de soi-même; en un mot, dans ce *moi*, qui constitue l'affreux et barbare égoïsme?

Ajoutons, que, si ce peuple avoit long-temps vieilli de générations en générations, sous le même ciel et dans le même climat, et que par la réunion de ces causes physiques, il étoit trop vif pour penser, trop léger pour réfléchir; s'il n'agissoit jamais que par saillies et par impétuosité, plus mobile que la mobilité même, plus inconséquent que l'inconséquence même; s'il ne savoit se fixer à rien de stable et de permanent; s'il se passionnoit pour les objets les plus futiles et les plus importans; si le soir il en faisoit le sujet de son admiration et de son attachement, et si le lendemain il le conspuoit; s'il étoit excessif en tout, atroce dans ses forfaits, grands dans ses vertus; si dans ces deux extrémités il se comportoit, non par un penchant décidé pour le mal, et un attrait irrésistible pour le bien, mais par vanité, par amour-propre; si dans le moment qu'il égorge un de ses semblables, il tendoit à l'autre une main pour le secourir; si toujours une véritable énigme pour lui-même, il singeoit et rivalisoit ses voisins, puis par un fond inexplicable de vanité, d'orgueil, il méprisoit et détruisoit en un tour de main leurs institutions qu'il avoit adoptées? Quelle espèce de gouvernement le législateur, dont nous venons de parler, donneroit-il à un peuple si changeant, si versatille, et si perpétuellement contraire à lui-même?

Seroit-ce le gouvernement populaire? Mais ce seroit

celui qui lui conviendroit le moins, puisqu'il tendroit à favoriser dans toute sa force le vice du climat. Car en bonne politique, plus les causes physiques portent un peuple à contracter des habitudes qui lui sont funestes, plus elles renforcent des inclinations qui lui sont dangereuses, plus les causes morales, c'est-à-dire les loix, la constitution du pays, doivent déployer d'efforts pour en tempérer les effets, pour arrêter leurs ravages.

Or, le gouvernement populaire, loin d'administrer le remède à ces vices, leur fourniroit un nouvel aliment : « formé par la multitude, dit Burlamaqui [1] ; « le gouvernement populaire en prend tous les carac- » tères. La multitude est un mélange de toutes sortes » de gens, un petit nombre d'habiles assez qui ont » du bon sens, et de bonnes intentions, un beaucoup » plus grand nombre sur qui on ne sauroit compter, » qui n'ont rien à perdre, et à qui, par conséquent, » il est peu sûr de se confier ; d'ailleurs, la multitude » produit toujours la lenteur et le désordre. Le secret » et la prévoyance sont des avantages qui lui sont » inconnus.

» Ce n'est pas la liberté qui manque dans les états » populaires, il n'y en a que trop, elle y dégénère en » licence ; de-là vient qu'ils sont toujours foibles et chan- » celans ; les émotions du dedans, ou les attaques du

---

[1] De la meilleure forme des gouvernemens, part. II, chap. 2, Nos. 24, 25, 26.

(59)

» dehors, les jettent souvent dans la consternation;
» c'est leur sort ordinaire d'être la proie de l'ambition
» de quelques citoyens ou de celle des étrangers, et
» de passer ainsi de la plus grande liberté, dans la
» plus grande servitude.

» C'est ce que l'expérience a justifié chez cent peu-
» ples différens. Aujourd'hui même, la Pologne [1] est
» un exemple parlant des défauts du gouvernement
» populaire, de l'anarchie, et du désordre qui y rè-
» gnent: elle est le jouet de ses citoyens et des étrangers,
» et très-souvent un champ de carnage, parce que
» sous l'apparence d'une monarchie, c'est en effet un
» gouvernement beaucoup trop populaire ».

Telle seroit encore, a plus forte raison, la destinée
d'un peuple qui a toute la légéreté, la licence, le
désordre dans les idées, le caractère et les mœurs que
le vice du climat occasionne, joindroit un gouvernement, qui, par sa constitution, fomenteroit tous les
excès de ces mêmes vices, un tel peuple, triste et déplo-
rable jouet de sa propre inconstance, s'useroit, s'épui-
seroit de lui-même, et finiroit bientôt par être la proie
ou, d'un de ses concitoyens, ou, de l'étranger.

En vain, pour opposer une digue à ces influences si

___

[1] Jean-Jacques Burlamaqui naquit à Genève, le 19 Juillet 1694.
Nommé professeur en droit de cette ville, il y publia ses *Principes du
droit naturel*, en 1748. Ainsi en comparant, en 1795, le sort de la
Pologne à ce qu'il en disoit en 1748, quelle foule de réflexions ce
parallèle offre au lecteur intelligent !

pernicieuses du climat, le législateur déployeroit-il toutes les ressources de son génie, pour trouver un moyen de faire tomber les suffrages sur des chefs capables de donner au penchant du peuple une impulsion contraire ; la nature du gouvernement y formeroit obstacle, et ces chefs seroient contraints eux-mêmes de céder à l'impétuosité du torrent.

« Un sage administrateur, dit Plutarque, maniera » habilement l'oligarchie lacédémonienne, établie par » Lycurgue ; et par la douceur de son administration, » il vivra dans un parfait accord avec les citoyens qui » lui sont égaux en dignité ; il s'accommodera aussi du » gouvernement démocratique ; malgré la variété des » ressorts qui le font mouvoir, il saura les relâcher, » ou les tendre à propos, et employer quand il le » faudra, une résistance ferme et soutenue ; mais si » on lui donnoit le choix entre les différentes formes » de gouvernement, comme à un musicien, entre les » divers instrumens, il ne balanceroit pas sur l'autorité » de *Platon*, de donner la préférence à la monarchie, » parce qu'elle est la seule qui puisse véritablement sou- » tenir l'accord juste et parfait de la vertu, sans jamais » sacrifier l'intérêt public à la contrainte ou à la faveur. » *Dans les autres formes de gouvernement, l'autorité* » *qui commande, est elle-même commandée, et* » *l'homme d'état y est conduit, autant qu'il conduit* » *lui-même ; il n'a pas un pouvoir assez dominant* » *sur ceux dont il tient son autorité* [1] ».

____

[1] Plutarque, de la monarchie, de la démocratie et de l'oligarchie.

Si dans le gouvernement populaire l'autorité qui commande, est elle-même commandée, un tel gouvernement ne sauroit sûrement convenir à un peuple, qui, par la nature de son climat, est l'inconstance et la légéreté même. Car pour la garantir du danger de ses propres caprices, il est cent mille fois plus avantageux pour lui d'obéir, que de commander.

Si, dans ce gouvernement, l'homme d'état y est conduit, autant qu'il conduit, un tel gouvernement ne sauroit pareillement convenir à un peuple incapable de se conduire lui-même, et qui, semblable à un coursier qui se cabre et s'agite sans cesse, a besoin du mord et d'un écuyer habile, qui dompte ou modère sa fougue.

Si, dans ce gouvernement l'administrateur n'a pas un pouvoir assez dominant sur ceux dont il tient son autorité, un tel gouvernement ne sauroit encore convenir à un peuple qui ne peut prendre sur lui-même le moindre ascendant : il lui faut donc de toute nécessité une puissance qui comprime la sienne, et le force malgré lui d'être sage, d'être heureux.

De tous les gouvernemens qui existent, le gouvernement populaire seroit donc sans contredit celui que ce législateur se garderoit le plus de donner à ce peuple ; il opéreroit sur lui le même effet que les liqueurs enivrantes produisent sur des hommes attaqués de folie ; il ne serviroit qu'à le rendre plus insensé, plus furieux, et qu'à donner des redoublemens à ses extravagances.

Enfin, si ce peuple étoit entouré de voisins dont le gouvernement déférât du sien, il ne seroit pas long-temps à lui donner la préférence ; ce changement arriveroit sans l'impulsion d'aucune cause étrangère , et sans être même mécontent de son régime actuel , mais parce qu'il seroit dans sa nature de tomber dans une sorte d'apathie, s'il ne changeoit pas d'un moment à l'autre ; et parce que voulant être sans cesse autre chose que ce qu'il est , il lui seroit impossible d'être jamais soi-même ; cette disposition lui feroit donc adopter le gouvernement de ses voisins , comme il adopteroit leurs modes ; il n'attacheroit même pas plus d'importance à copier leur constitution qu'il en mettroit à copier leur habillement. Sous ce nouveau point de vue, le gouvernement populaire ne pouvant encore s'approprier à ce peuple , ce législateur, s'il étoit sage, s'abstiendroit donc de le lui donner.

Une convention nationale auroit-elle plus de pouvoir que ce législateur ? plus de moyens de réussir ?

D'abord , nous avons supposé celui - ci connoissant toutes les passions sans les partager. Or , une convention ne devant son existence qu'au choc tumultueux de toutes les passions , puisqu'elle la doit à des factions ; une convention ne se soutenant que par des factions , puisqu'elles sont sa seule et unique force ; une convention ne sauroit donc avoir le même avantage pour constituer un bon gouvernement.

L'un , impassible comme la raison , peut donner à ses loix toute l'appropriation qu'exige le local , le climat, l'antique manière d'être du peuple qu'il veut régénérer.

L'autre, dominée par toutes les passions qui lui ont donné naissance, ne sauroit rien faire qui n'en porte l'empreinte; semblable à l'antre *d'Eole*, où tous les vents en furie menacent de bouleverser le monde, elle ne peut que détruire et jamais réédifier.

Nous avons supposé ce législateur inspirant par la supériorité de ses lumières et l'ascendant de ses vertus, la confiance d'un médecin vis-à-vis de son malade, du guide vis-à-vis du voyageur, du pilote vis-à-vis du passager. Or, une convention entourée de tous les mécontens que sa puissance usurpée a fait naître, peut-elle prétendre à la même confiance?

Si dans le simple commerce de la vie on se révolte contre ces petits tyrans de sociétés, qui prétendent donner leur raison pour arbitre de la raison d'autrui, quelle doit être l'exaspération des esprits contre une puissance qui veut les dominer par l'empire des loix, lorsqu'ils ont encore présent sous les yeux tous les vices de son origine?

Dans une telle conjoncture, une convention auroit fait les meilleures loix possibles que les factions s'obstineroient à les rejetter, et mettroient tout en œuvre pour les faire rejetter par la masse du peuple. Elles agiroient et chercheroient à faire agir la nation, comme, au rapport de Plutarque, Sparte se conduisit à l'égard d'un certain *Démosthènes*, homme de mauvaise mœurs. « Ayant
» ouvert un bon avis, le peuple le rejetta. Les éphores
» choisirent au sort un sénateur à qui ils ordonnèrent de
» proposer le même avis. Ils l'ôtoient, pour ainsi dire,
» d'un vaisseau gâté pour le transvaser dans un autre
» plus sain, afin de le rendre plus agréable à la multitude;

» tant l'idée favorable ou désavantageuse qu'on a d'un
» administrateur , a de pouvoir pour gouverner un
» état [1] ».

Mais à cet aspect défavorable, sous lequel une convention se présente toujours aux yeux des partis qui lui sont opposés, si elle joignoit une autre défaveur, qui seroit celle de renfermer dans son sein des hommes absolument indignes de ce nom, par tous les crimes abominables qu'ils auroient pu commettre ; si, malgré les dénonciations multipliées de l'opinion publique, elle les maintenoit dans leurs fonctions, dans celle sur-tout de faire des loix, qui, sans contredit, est la plus sainte et la plus auguste ; alors il seroit impossible à une convention de faire accueillir le gouvernement qu'elle voudroit donner.

Les hommes, en général , aiment le bien ; mais ce bien ils le veulent si pur, qu'il perd à leurs yeux tout son prix lorsqu'il leur est présenté par des mains dégoûtantes de crimes : non-seulement il leur devient suspect, mais leurs soupçons attaquent avec violence ceux qui tolèrent de pareils forfaits quand ils peuvent les punir.

Ainsi les ennemis d'une convention n'auroient pas de peine à la faire passer toute entière pour complice de ces scélérats, du moment qu'elle les laisseroit impunis. Alors, déshonorée, flétrie dans l'opinion publique, tout ce qui sortiroit d'elle seroit regardé comme impur.

A ces impossibilités de faire adopter tout gouvernement

____

[1] Principes d'administration publique.

émané

émané d'elle, si, par exemple, une convention avoit bou-
leversé tout ce qui avoit anciennement existé, si elle avoit
ôté aux uns pour donner aux autres, si elle avoit mis tous
les intérêts privés dans une guerre perpétuelle, toutes les
passions dans une exaspération convulsive et incurable;
si, du milieu de cet amas énorme de décombres, on
voyoit plusieurs de ses membres, qui n'avoient rien, sortir
étincelant de richesse, étaler un faste asiatique; ces factions ne seroient-elles pas bien fondées à publier que ce
n'est ni pour le bonheur du peuple, ni pour lui donner un
meilleur gouvernement qu'elle a détruit l'ancien, mais
seulement pour enrichir tels et tels de ses membres et de
ses créatures? Ces plaintes ne contribueroient-elles pas à
faire rejetter le nouveau gouvernement, et rendre son
admission impossible?

Si ce gouvernement étoit organisé de manière qu'on
ne vît que la seule faction dominante avoir part aux
emplois, et que tout ce qui ne pense pas comme elle en
fût exclus et réduit, comme chez les anciens, à la nullité
de l'esclavage, à essuyer toutes les humiliations, les ava-
nies qu'il plairoit à cette faction de lui faire supporter; en
un mot, si cette constitution établissoit la tyrannie d'une
poignée de la nation sur la nation entière, l'acceptation
d'un pareil gouvernement seroit encore impossible; parce
que la nation ne pourroit l'accepter sans se déshonorer,
sans consentir au renversement de tous les principes de
l'ordre social, sans sacrifier sa liberté, sa sûreté indi-
viduelle et ses propriétés.

Si ce gouvernement étoit tel qu'il favorisât la légèreté,

l'inconstance naturelle du peuple auquel il seroit destiné, ne seroit-ce pas une démonstration victorieuse pour les gens instruits, que cette convention est incapable de donner à ce peuple un gouvernement quelconque, puisqu'elle montre par-là que non-seulement elle ignore les premiers élémens de l'art de constituer les sociétés, mais encore qu'elle se déclare l'ennemie de ce peuple et de l'humanité, parce que toute institution qui favorise les vices du climat, est destructive d'elle-même et de toute la nation qui l'a reçue? Agir de la sorte, c'est mettre entre les mains d'un furieux des armes pour se percer.

Mais si, sans sortir des bornes ordinaires et des règles du possible, une convention ne peut donner un gouvernement à un peuple, comment oseroit-elle espérer de réussir dans son projet, lorsqu'elle déploie toutes les puissances de l'ame, toutes les facultés de l'esprit, pour changer les bases de la raison, de la morale, de l'organisation des sociétés; briser la chaîne révérée qui, depuis la création, lioit le ciel à la terre, les nations aux nations, les individus aux individus; en fabriquer une nouvelle, la rattacher à un anneau qui n'a rien de semblable avec l'ancien; donner à l'entendement, à la conscience une direction nouvelle; à l'un, une autre façon de voir et de manifester ses opérations; à l'autre, des règles différentes pour juger le bien et le mal, sentir les remords du crime et les jouissances de la vertu; détruire tout ce qui a toujours été pour y substituer ce qu'on n'avoit jamais encore vu; enfin, plonger le monde entier dans l'attente et la stupeur sur l'issue de ce grand combat, entre ce qui fut autrefois et ce qui doit être dans l'avenir?

Une entreprise de ce genre n'est-elle pas au-dessus de tous les efforts humains ? L'homme peut tout, si l'on veut, par ses facultés intellectuelles ; mais il ne peut rien, ou presque rien, par ses facultés corporelles.

Par les premières, nous pouvons, dans notre pensée, déranger les planettes de leur orbite, mettre un monde à la place d'un autre, bouleverser les élémens, assigner à la nature une marche nouvelle, et, rivaux de Dieu même, opposer création à création.

Par les secondes, que pouvons-nous réaliser de tant de sublimes et surnaturelles conceptions ? A peine osons-nous transporter notre corps d'un lieu à un autre, cette fragile machine ne se traîne que lentement, au risque d'être renversée au plus léger souffle, et d'être brisée par le moindre choc.

Si nous voulons exercer notre foiblesse, hors de nous, sur les objets qui nous environnent, ce n'est qu'à force d'art et de moyens étrangers. Encore, que produisons-nous avec ces moyens d'emprunt ? Rien qui puisse égaler l'Archétipe, le modèle que nous nous sommes formés en nous-mêmes, l'artiste le plus accompli, le plus habile poète, l'orateur le plus parfait, le plus sage législateur, ont tous senti qu'ils étoient infiniment au-dessous de l'idée de perfection qu'ils avoient conçue.

Quel sujet de défiance de nous-mêmes ! Ce n'est qu'en proportionnant ce que nous pouvons à ce que nous ne pouvons pas, en bornant nos conceptions à la possibilité de leur exécution, que nous faisons un usage convenable de notre être.

E 2

C'est de cet accord, de cette harmonie que résultent tous les avantages de notre raison ; c'est, au contraire, de ce défaut de combinaison que naissent l'erreur et la folie, l'absurdité et l'extravagance ; car, quoi de plus digne de toutes ces dénominations que de vouloir ce qu'on ne peut pas, de concevoir un projet impossible à réaliser, et de se former un but où nul effort humain ne sauroit atteindre ?

Être des êtres, monarque absolu de la nature, roi du ciel et de la terre, père des hommes, et législateur suprême des nations, pardonne à ma foiblesse d'avoir osé proclamer tes décrets éternels dans ce siècle d'oubli, d'aveuglement et de perversité ; mais quelques insuffisans que soient mes moyens, ils peuvent tout si tu le veux.

Fais qu'ils fortifient les bons dans leur attachement aux loix immuables de ta sagesse ; fais qu'ils arrachent du cœur des méchans leur opiniâtre endurcissement, et triomphent de leurs complots aussi barbares qu'insensés. Envoie-nous la paix et la concorde ; que du haut de ton trône immortel elles descendent sur cette terre ensanglantée ; qu'à l'aspect de leur olive sacrée, lassés de s'égorger, et rassasiés de meurtre et de carnage, les hommes rougissent de leurs fureurs parricides ; que leurs glaives s'émoussent dans leurs mains ; que leurs foudres destructeurs se brisent ou ne puissent jamais se rallumer ; que la rage des partis, le fanatisme des opinions aillent en frémissant se cacher dans leurs antres infernaux ; qu'un temple élevé à la réconciliation, à la fraternité, annonce à l'univers, et la chûte du règne des forfaits et la renaissance de l'âge d'or.

Ah! puissent les peuples se convaincre, une bonne fois,
qu'ils ne sont heureux, et qu'ils ne peuvent le devenir
qu'en se maintenant dans les bornes de la raison, qu'en
suivant les saintes loix de la nature, et qu'en pratiquant
les vertus douces et amies de l'humanité! Elles seules sont
la base la plus solide de l'ordre, de l'harmonie et de la
stabilité des empires.

F I N.

De l'Imprimerie du Bureau général des Journaux, quai
des Augustins, N° 17.

TABLE
DES MATIERES.

Fin de la Table.

www.ingramcontent.com/pod-product-compliance
Ingram Content Group UK Ltd.
Pitfield, Milton Keynes, MK11 3LW, UK
UKHW022115170726
13837UKWH00003B/1217